Nagwa Soliman

Unidade no meio da divisão

AF144363

Nagwa Soliman

Unidade no meio da divisão

ScienciaScripts

Imprint

Any brand names and product names mentioned in this book are subject to trademark, brand or patent protection and are trademarks or registered trademarks of their respective holders. The use of brand names, product names, common names, trade names, product descriptions etc. even without a particular marking in this work is in no way to be construed to mean that such names may be regarded as unrestricted in respect of trademark and brand protection legislation and could thus be used by anyone.

Cover image: www.ingimage.com

This book is a translation from the original published under ISBN 978-3-330-07433-0.

Publisher:
Sciencia Scripts
is a trademark of
Dodo Books Indian Ocean Ltd. and OmniScriptum S.R.L publishing group

120 High Road, East Finchley, London, N2 9ED, United Kingdom
Str. Armeneasca 28/1, office 1, Chisinau MD-2012, Republic of Moldova, Europe
Printed at: see last page
ISBN: 978-620-7-39438-8

Índice

CAPÍTULO 1

Introdução

Com tudo o que está a acontecer no mundo árabe, há uma questão que ressoa sempre com a pergunta martelante: o que é que fez surgir toda esta divisão? No mundo árabe, partilhamos uma língua e vivemos juntos, apesar de termos religiões diferentes. O que se designa por primavera Árabe não é mais do que a fragmentação e a divisão árabes. O objetivo deste livro é mostrar o tropo da unidade e da divisão que está bem patente no nosso mundo atual, como se vê em diferentes países de vários continentes.

A ideia de unidade existe na nossa vida. Por exemplo ple, Theodor Waitz acreditava na "unidade psíquica" da humanidade e rejeitava a ideia de que o homem pertence a mais do que uma espécie de acordo com a sua raça (Jahoda, 2014). Outro exemplo de unidade é encontrado na ciência com a sua capacidade de unir os seres humanos, como Hollinger (2011) afirmou que a ciência é "um agente de integração cultural não por causa do conhecimento que os cidadãos podem aprender, mas por causa da sua capacidade de unir pessoas de várias origens numa única e nobre disciplina da mente". Estreitamente relacionado com este ponto de vista, está o que os gregos (Platão, Aristóteles e estóicos) entendiam como a unidade das virtudes, com base na ideia de que "a virtude envolve essencialmente conhecimento... esse conhecimento é essencialmente holístico" (Wolf, 2007). Assim, se alguém adquire uma virtude, espera-se que tenha o conhecimento necessário para possuir todas as outras virtudes (Penner, 1972). Além disso, na mesma linha, as disciplinas da ciência têm unidade, como Galison (1998) mencionou que esta unidade entre as disciplinas científicas se baseia na combinação de diferentes estratégias, profissões e padrões de trabalho "na produção de soluções pragmáticas [operacionais] para problemas imediatos". Por conseguinte, é de salientar que a unidade é parte integrante da nossa existência e que é do nosso interesse abraçá-la e descartar a divisão.

Em primeiro lugar, é importante definir a unidade, que pode ser interpretada de várias formas, segundo diferentes perspectivas. Para alguns, a unidade é quando existe "harmonia" e coesão "que é mais substantiva do que a superfície multicultural lado a lado apresentada numa brochura de turismo" (Lim, 2010). Para outros, pode significar que as pessoas são capazes de viver juntas e falar sem se considerarem diferentes devido à sua religião ou etnia. Além disso, alguns vêem-na como algo que só existia no passado, quando "a raça e a religião não constituíam barreiras para manter as pessoas separadas" (Lim, 2010). Pode inferir-se que a concretização da unidade não é um objetivo impossível de alcançar no nosso tempo presente, se for devidamente planeado e implementado.

O livro inclui três partes e começa com exemplos de alguns catalisadores de unidade. A primeira parte explora a questão da unidade e da divisão através da perceção deste tropo em diferentes países (EUA, Belfast, Rowanda, Timor-Leste e Malásia) que são seleccionados com base na sua representação de diferentes continentes e no facto de este tropo existir nestes países. Na segunda parte, são analisadas amostras de ficção que mostram esta questão social de divisão e unidade. Na terceira e última parte, são acrescentados dois contos para ilustrar melhor a unidade através da ficção como meio de expressão. O autor acredita que, tal como Zola, "a ficção e os factos tornam-se intercambiáveis; contar histórias e ensinar são, [como] Zola sugere, actividades que se reforçam mutuamente (Counter, 2014). Por outras palavras, a ficção é um reflexo do que está a acontecer no nosso mundo.

CAPÍTULO 2

Exemplos de alguns Catalisadores Unity

A criação de mitos pode levar à união dos povos, como no caso do bispo galês Geoffrey de Monmouth, que conseguiu, em 1136, completar a história dos reis da Grã-Bretanha e afirmou que Cadwallader, o último rei dos briões, estava ligado a Brutus, o primeiro "rei britânico", neto de Eneias de Troia. Este mito conseguiu reduzir a animosidade que existia entre "os bretões, os anglo-saxões e os normandos, unindo-os numa única nação" (Cusack, 2001). Por outras palavras, este mito de Brutus, como afirmou Cusack (2001), levou à mobilização "de pessoas em torno de uma cultura comum para unificar os vários grupos ... e para identificar uma identidade nacional partilhada".

Outro exemplo da influência do mito na obtenção da unidade é o mito da unidade Bantu, criado pela elite equatoguineense para unir todos os clãs e tribos numa cultura e identidade comuns e, assim, explicar a razão da falta de democracia na Guiné. Uma das crenças da cultura bantu é que a predestinação domina o futuro e o presente das pessoas, pelo que, por exemplo, se estivermos destinados a ser presidentes, sê-lo-emos e, por muito que os outros tentem mudar o seu estatuto, não o conseguirão fazer.

A mitologia chinesa pode também ser apresentada como um exemplo de um catalisador de unidade que foi utilizado na China para atingir este objetivo. Loewe (1994) afirmou que o homem está situado entre o céu e a terra e é, por isso, afetado pela força do destino. Apresentou igualmente a perspetiva de unidade do povo chinês, afirmando que este se considera superior aos outros povos no que respeita ao intelecto. Acreditam na mitologia baseada no passado e na idade de ouro em que alguns governantes tornaram o povo chinês feliz, próspero e seguro. De acordo com Loewe (1994), os chineses vêem o universo como unido, pois acreditam que fazem parte do todo e têm papéis definidos que devem cumprir para que "as suas vidas e assuntos formem um todo orgânico que deve estar em harmonia com outras partes do cosmos".

4

Em 220, quando os imperadores chineses Han abdicaram, estabeleceu-se um sentimento de unidade na China, que se considerava uma entidade política única e que já não acreditava na existência de múltiplos poderes divinos, mas sim na existência de um único céu. Os chineses acreditam no conceito de unidade e que há certos elementos que desempenham um papel neste conceito unificado, como a "prática institucional ou as relações sociais que já eram essenciais para qualquer tentativa de organizar a humanidade sob uma única égide" (Loewe, 1994). Os chineses gostariam de se ver a governar a humanidade, mas têm dificuldade em atingir esse objetivo.

Os media podem ser um catalisador da unidade e da divisão. No primeiro caso, os meios de comunicação social podem unir as pessoas, despertando o seu sentido de nacionalismo, como no caso dos Jogos Olímpicos mundiais (Mihelj, 2008). Além disso, os media podem causar divisão, especialmente quando transmitem acontecimentos traumáticos. Por outras palavras, em tempos de crise, quando os media se tornam um meio para suprimir a dissidência, a sua repercussão é a divisão (Snyder, 1997). Os media são poderosos na consecução deste objetivo através da sua escolha lexical quando apresentam as notícias. Por exemplo, como Mihelj (2008) argumenta, os indivíduos podem ser descritos como "terroristas" num meio de comunicação social e como "combatentes da liberdade" noutro. Além disso, os acontecimentos podem ser vistos como "agressão brutal" num contexto mediático e como "actos legítimos de defesa" noutro.

Outro catalisador de unidade é a unidade nacional, que é criada, como afirma Rossbacher (1997), por raízes emaranhadas de etnia, classe, género e geografia, que são a base da identidade nacional. Anderson (1991) descreveu as comunidades nacionais como "construções políticas e ideológicas elaboradas, artefactos culturais criados por uma autoconsciência, para uma grande variedade de terrenos sociais, para se fundirem e serem fundidas com uma variedade correspondentemente grande de constelações políticas e culturais".

O catalisador mais importante que nos une é o facto de sermos seres humanos e de possuirmos faculdades intelectuais que nos tornam capazes de resolver os problemas que se nos deparam neste mundo. Por outras palavras, a nossa humanidade une-nos e isto deve ser incutido nas crenças das crianças quando são jovens, através da escola, dos pais e da sociedade, para garantir que são criadas numa cultura de unidade global.

CAPÍTULO 3

A divisão dos afro-americanos e a cultura da unidade

A divisão e a discriminação raciais têm tido um grande impacto nos Estados Unidos e as suas manifestações são evidentes em todos os aspectos da vida. Du Bois (1989) argumentou que um afro-americano se vê sempre como os outros o vêem e que existe sempre um sentimento de pena e desprezo por parte dos outros. No entanto, um afro-americano não "africanizará a América" nem "branqueará a sua alma negra num dilúvio de americanismo branco" (como citado em Terrill, 2009). Apesar desta divisão, a cultura americana baseia-se em ver toda a nação como uma só. Allen (2004) afirma que o tropo da unidade reforça o facto de que, para que as pessoas compreendam as suas diferenças, têm de ser capazes de alcançar e manter um "terreno comum". Se se concentrassem apenas na sua divisão racial, isso poria em perigo a sua identidade colectiva, que deveria ser homogénea para alcançar a unidade.

Obama, cujo pai é negro e a mãe é branca, declarou o seguinte:

Que muitos de nós temos histórias diferentes, mas temos esperanças comuns; que podemos não ter a mesma aparência e podemos não ter vindo do mesmo sítio, mas todos queremos avançar na mesma direção para um futuro melhor para os nossos filhos e para os nossos netos. (Terrill, 2009)

Obama, no discurso acima referido, tenta clarificar os pontos comuns que poderiam unir os americanos, nomeadamente para melhorar o futuro dos seus filhos e netos. O que Obama afirma não é apenas o que os americanos querem, mas este objetivo é partilhado por todos os pais do mundo que têm filhos e netos, pois querem sempre que eles tenham uma vida melhor do que a sua.

Esta ideia de estar unido apesar das diferenças também foi discutida por Rowland e Jones (2007) quando afirmaram que o povo americano é semelhante e está unido a outros, mas separado deles. Por outras palavras, defendem que o

7

"Os americanos apreciam a unidade apesar da diversidade e têm a convicção de que o sofrimento de um é o sofrimento de todos." Esta filosofia, se fosse adoptada no mundo árabe, que contém pessoas que pertencem à mesma raça, têm as mesmas características e falam a mesma língua, poderia ter poupado todos os desastres que ocorreram na Síria, no Iémen, no Iraque, na Líbia e no Sudão. Em todos estes países poderiam gozar de unidade, se se concentrassem no que os une e não em seitas religiosas que os poderiam dividir.

Não só existe uma divisão entre os americanos brancos e os afro-americanos negros, como também surgiu um novo tipo de divisão de classes entre a classe média ou burguesia negra e a subclasse pobre dos afro-americanos. Este facto foi constatado por Gates (1994), que passou por uma mobilidade de classe, sendo filho de um operário fabril que conseguiu tornar-se professor titular da Ivy League. Afirmou que as apresentações televisivas das pessoas de cor fizeram com que se unissem e ultrapassassem todas as fronteiras da divisão de classes. Isto pode ser visto no facto de todos eles gostarem de ver o episódio de Amos and Andy em que há advogados, enfermeiros e médicos de cor. Gates (1994) acredita que o facto de os afro-americanos assistirem a esses episódios faz com que as suas "aspirações de classe média e a sua pertença racial pareçam sinónimas", pelo que a vida comunitária negra ajuda a erradicar a divisão de classes entre os afro-americanos pertencentes à classe média/burguesa e à classe baixa. Murray (2010) refere que a classe burguesa afro-americana, sob o pretexto de ajudar os seus irmãos afro-americanos pobres da classe baixa, impôs as suas próprias "noções de civilidade, decoro e autenticidade cultural" aos afro-americanos pobres da classe baixa, o que levou à usurpação da sua autonomia política. Pode inferir-se que a divisão não tem de ocorrer apenas entre pessoas que pertencem a religiões ou raças diferentes, uma vez que a mobilidade social no sistema capitalista divide pessoas que podem pertencer à mesma raça, mas a sua classe social divide-as.

A divisão de classes dos afro-americanos no sistema capitalista tem sido retratada nos romances afro-americanos. Murray (2010) considera que uma interpretação da

Os romances afro-americanos são aqueles em que "aproveitam as divisões de classe do presente como uma oportunidade para anatomizar tanto o solipsismo da classe média como a sua busca contraditória de hegemonia sobre os negros [pobres, da classe baixa]". Murray (2010) mostra esta divisão em dois romances, nomeadamente no romance de Lees, *Sarah Phillips* (1984), e no romance de Johnson, *Dreamer: A Novel.* No primeiro, Sarah deseja ultrapassar esta divisão, uma vez que pertence à classe burguesa e anseia por regressar às suas origens afro-americanas. No segundo romance, Johnson mostra a "intratabilidade" da divisão de classes e a forma como Martin Luther King vê a figura de Smith, que se assemelha a ele, como se fosse o seu "doppleganger" reprimido. Murray (2010) argumenta que Johnson, no seu romance *Dreamer,* tenta "resolver as divisões materiais, baseadas na classe, entre [King e Smith]... produzindo um relato místico do discurso público". Isto acontece quando King faz um discurso e Smith sente que tudo o que é dito é exatamente o que ele sente, por isso é como se King fosse a sua voz, o que mostra a tendência para quebrar esta divisão e que eles poderiam estar unidos, apesar da divisão de classes entre eles.

Terrill(2009) afirma que o que mais divide a América é a raça. Hepburn (2008), colunista do Toronto Star, recorda aos americanos o seguinte:

> [Ao longo dos anos, muitas pessoas nos Estados Unidos têm vindo a acreditar que o seu país está mais integrado do que nunca, que os negros e outras minorias estão a tornar-se cada vez mais parte da corrente dominante da América. Mas os Estados Unidos continuam a ser uma nação onde os negros e outras minorias são, em média, mais pobres do que os brancos, onde os negros que trabalham ganham menos dinheiro e têm taxas de desemprego mais elevadas do que os brancos.

Assim, é possível constatar que os negros e as minorias sabem que são diferentes dos brancos nos EUA e que esta diferença de cor pode e tem levado, em muitas ocasiões, a polícia a detê-los e, em alguns casos, a assassiná-los. No entanto, o povo americano

9

continua unido e esta discriminação racial não perturbou a segurança do seu país, como é o caso da Síria, do Iraque, do Iémen e do Sudão.

De acordo com Tabishat (2012), as "forças sociais" numa sociedade podem causar a sua unidade e a sua divisão. Assim, quando há injustiça social numa sociedade, surge um sentimento de dissidência e, eventualmente, os segmentos da sociedade apercebem-se de que tinham falsamente imaginado ou assumido que estavam unidos, quando a realidade é que estão fragmentados e divididos. Esta situação pode, consequentemente, levar a um confronto com os detentores do poder. Pode deduzir-se que as forças do poder nos Estados Unidos são suficientemente poderosas para reprimir qualquer revolta contra a discriminação racial ou que a injustiça social não atingiu um nível que induza uma revolução ou uma guerra civil. Por conseguinte, a unidade é, nalguns casos e países, acolhida e imposta à sociedade para manter a sua segurança e estabilidade.

CAPÍTULO 4

Unidade e divisão em Belfast

A população irlandesa divide-se em dois grupos, católicos ou protestantes, consoante a sua afinidade. Os primeiros são designados por nacionalistas irlandeses e pretendem que a Irlanda do Norte passe a fazer parte do seu Estado, a República da Irlanda, enquanto os segundos se identificam como unionistas britânicos e pretendem que a Ilha do Norte continue a ser britânica (McGarry e O'Leary, 1995). Para resolver esta divisão que se baseia em "clivagens étnicas em Belfast", como afirmou Nagle (2013), formaram-se vários movimentos sociais, como os transformistas, que acreditam que as pessoas devem estar unidas em termos da sua classe e isso deve motivá-las para a unidade como trabalhadores que têm os mesmos interesses. Outro grupo social que apela à unidade das cidades divididas é o dos Pluralistas, como afirma Nagle (2013), que apela à unidade das pessoas com base na aceitação das suas diferenças, especialmente no que diz respeito ao género e à etnia. Por outras palavras, lutam pela coesão e integração da comunidade em vez da divisão. Um terceiro movimento social, denominado Cosmopolitan, defende que as pessoas devem unir-se face aos perigos comuns que enfrentam, como o aquecimento global, a guerra contra o terrorismo, as armas nucleares e os riscos financeiros globais. Isto deveria ser mais importante para a sua sobrevivência do que a divisão devido a diferentes etnias.

Estes movimentos sociais podem contribuir para a construção da paz, na medida em que fomentam o debate público em que os temas relativos a todos os grupos podem ser "deliberados de modo a que possam ser forjadas políticas partilhadas, e que fazem com que os políticos etno-nacionais acomodem identidades não confinadas aos seus próprios círculos eleitorais restritos" (Nagle, 2013). Também acredita que a má utilização do espaço e das áreas residenciais em cidades divididas é um problema, uma vez que segrega as pessoas com base nas suas etnias. Isto também poderia ser resolvido através de movimentos sociais, reorganizando e planeando o espaço público segregado

11

de modo a refletir a política da comunalidade. Pode concluir-se que, para que as pessoas alcancem a unidade, têm de se concentrar em questões que partilham, sejam elas ideias, fé, estratégias, aspirações ou língua comuns. Isto porque, se a atenção for dirigida para a divisão, prevalecerão os conflitos e a insegurança que, nalguns casos, podem conduzir à guerra civil e à rutura.

CAPÍTULO 5

Unidade e divisão em Rowanda após o genocídio

A divisão étnica entre as tribos Hutu e Tutsi em Rowanda provocou um genocídio catastrófico em que " um milhão de pessoas foram mortas - principalmente a minoria Tutsi, alvo da maioria Hutu (Moss e Vollhardt, 2016). O governo impôs uma recatogarização social em que as pessoas em Rowanda defendem uma identidade comum, como a nacionalidade ou qualquer outra associação de grupo partilhada, em vez de estarem divididas por diferentes grupos étnicos. Isto é designado por "identidade superordenada".

O objetivo do governo da Rowanda é a estabilidade do país e conseguiu consolidar "a paz através do seu esforço para promover a unidade e a reconciliação" (Silva-Leander, 2008). O Governo esclarece as razões que o levaram a adotar esta política da seguinte forma:

> A política de recategorização única é uma pedra angular da política de unidade e reconciliação do governo autoritário. Os líderes ruandeses utilizam três argumentos principais para legitimar o abandono das identidades étnicas a favor de uma identidade ruandesa única: (1) as identidades étnicas são ilegítimas e estranhas (ou seja, construídas pelos colonizadores); (2) podem ser politicamente manipuladas e mobilizadas; e (3) as identidades são construídas socialmente e podem ser abandonadas. (Moss, 2014)

A estratégia do governo de Rawandan para acabar com a divisão consistiu em suprimir as identidades étnicas que "tinham sido exacerbadas tanto pelos governantes coloniais como pós-coloniais, nomeadamente através da rejeição e denúncia ... dos ensinamentos coloniais" (Silver-Leander, 2008). Também alterou os nomes das principais estradas, distritos e cidades que tinham conotações com grupos étnicos ou antigos regimes.

Moss e Volhardt (2016) realizaram entrevistas semi-estruturadas com cinquenta e seis participantes da Rowandan e utilizaram uma análise temática qualitativa dessas

13

entrevistas para determinar a reação dos participantes em relação a esta política de recatogarização. Os resultados mostraram que a maioria dos participantes concordava com esta nova política, pois acreditavam que a divisão étnica tinha sido criada pelos colonizadores belgas e que existiam razões significativas que tornavam a supressão das diferenças essencial para o desenvolvimento económico e a estabilidade. Alguns participantes acreditavam que deveria haver flexibilidade e abertura e que esta identidade única poderia ser mantida como um passo transitório para mais tarde permitir que as pessoas discutissem as suas diferenças. Outros participantes rejeitaram esta identidade única porque acreditavam que, na realidade, existiam diferenças entre os diferentes grupos e que estes eram objeto de discriminação (Moss e Volhardt, 2016). Estes participantes também acrescentaram que a unidade não pode ser imposta às pessoas. É importante notar aqui que, a menos que as pessoas estejam convencidas de que a unidade per se é o que salvará o seu país da erupção de futuros conflitos e genocídios, elas nunca serão capazes de aceitar a identidade "superordenada" de Rowandan.

Por outro lado, a divisão na sociedade de Rowanda também foi discutida pelos participantes e as suas causas estão relacionadas com a igualdade no que respeita ao sofrimento dos Hutus moderados que também foram mortos no genocídio juntamente com os Tutsis. Além disso, a discriminação entre os grupos étnicos de Rowanda, tal como referido pelos participantes, foi sentida na educação, na "distribuição do poder político" (Moss e Volhardt, 2016) e nos empregos. Consequentemente, para impor uma única identidade superordenada de Rowanda, deveria haver igualdade entre os grupos étnicos no que respeita ao emprego, à educação, ao poder político e ao reconhecimento do sofrimento de todos os grupos étnicos.

Pode inferir-se que a unidade para se estabelecer entre as pessoas, tem de haver igualdade e consideração da existência de diferenças numa sociedade (grupos étnicos) que podem ser discutidas, mas sem discursos públicos de ódio que incitem ao conflito e à instabilidade. Por outras palavras, uma identidade Rowandesa superordenada pode ser uma fase de transição que conduzirá eventualmente a uma identidade dupla que incluirá a primeira identidade Rowandesa principal e a segunda identidade de grupo étnico. Isto porque a unidade não pode ser administrada como uma 'seringa', pois é um processo que leva tempo (Moss e

Volhardt, 2016). É interessante refletir que uma imposição vigorosa da unidade pode ser mal interpretada no sentido de ser um disfarce para o favoritismo étnico se o governo não permitir espaço para a dissidência política, que é parte integrante da manutenção da igualdade que, por sua vez, pode levar à manutenção da unidade. Por conseguinte, é necessário um planeamento e uma organização adequados a longo prazo quando se aspira à unidade e à estabilidade em qualquer país.

A divisão causada pela discriminação e pela desigualdade pode fazer com que algumas pessoas vivam com medo e ameaçadas pelo facto de pertencerem a um grupo étnico específico, terem opiniões políticas diferentes ou pertencerem a uma determinada religião. Um exemplo disso é a América do Norte, onde as reacções inter-relacionais são investigadas e avaliadas. Plaut (2014) afirmou a necessidade de reconhecer as diferenças raciais e étnicas, uma vez que ignorá-las é prejudicial, se o objetivo for criar ambientes inclusivos. Por outras palavras, para alcançar a unidade, é necessário reconhecer e aceitar as diferenças, quer estejam relacionadas com a nossa etnia, raça ou religião. Além disso, a necessidade de nos unirmos para coexistirmos com os nossos traços humanos fundamentais comuns, valores, crenças, língua, nacionalidade, interesses e visão é uma necessidade primordial para alcançarmos o nosso objetivo de estarmos unidos.

A unidade deve ser estabelecida não apenas em Rowanda, mas em África como um todo. Cáceres (2011) afirmou que a ação colectiva dos países africanos através da "distribuição do poder", da "consolidação da segurança" e do "desenvolvimento económico" pode ser alcançada ganhando mais força através da unidade. Por conseguinte, a África deve agir de forma concertada, ou seja, colaborar em conjunto "no âmbito de uma abordagem coerente e coordenada, [que] possa impulsionar a sua posição privilegiada e as suas vantagens comparativas para alcançar a ordem, a paz, a prosperidade, a segurança e o bem-estar dos seus povos" (Cáceres, 2011). O que isto significa é que o desenvolvimento económico, a distribuição do poder e a consolidação da segurança podem ser promovidos coletivamente pelos Estados. Estas acções colectivas assentam na aquisição de mais força através da unidade. A África, se agir de forma concertada, ou seja, com uma abordagem coerente e coordenada, pode reforçar a sua posição privilegiada e as suas vantagens comparativas para alcançar a ordem, a paz, a prosperidade, a segurança e o bem-estar do seu povo.

CAPÍTULO 6

Unidade e divisão em Timor-Leste

A República de Timor-Leste, que se tornou independente da colonização em 2002, é um exemplo claro da importância da unidade para alcançar a independência e o desenvolvimento. Situado numa ilha do Sudeste Asiático, perto da Austrália, e sofrendo anos de opressão colonial, o povo timorense utilizou a literatura como instrumento para exprimir a sua oposição à colonização e o seu apelo à unidade para alcançar a liberdade. Este facto é retratado na poesia e nos romances que foram escritos para esclarecer o povo timorense sobre a sua necessidade absoluta de unidade, como se pode ver na formação de uma frente política em 1974, denominada FRETILIN (Frente Revolucionária) para um Timor-Leste Independente, que apelava à necessidade urgente de unidade para permitir ao país alcançar a independência da colonização portuguesa estrangeira (Soares, 2009). Isto porque o colonizador sempre procurou criar divisões entre os povos para garantir a sua subjugação e supressão.

A frente FRETILIN não foi o único partido político que se formou, pois havia dois outros partidos: a União Democrática Timorense, que era a favor da formação de uma federação com Portugal, e outro partido chamado Associação Democrática Popular Timorense, que queria a assimilação com a vizinha Indonésia (Lisson, 2008). No que diz respeito ao apoio popular, este era dado pela FRETILIN e pela União Democrática Timorense. Quando estes dois partidos estavam unidos, o país era estável, até que a divisão entre eles se instalou, especialmente com o golpe falhado organizado pela União Democrática Timorense em 1975. Com esta vitória, a FRETILIN foi encorajada a declarar a independência em novembro de 1975, o que resultou na invasão total de Timor-Leste pela Indonésia, uma vez que havia a preocupação de infiltração comunista (Lisson, 2008). É de notar que os incidentes acima referidos reflectem o facto de a divisão ser um fator que enfraquece um país e o torna vulnerável a invasões e ocupações.

17

As diferenças e divisões que existiam entre os timorenses eram comparadas a ribeiros e a sua unidade a rios. Soares (2009) afirma que foi criado um poema de unidade para apelar à unidade e a sua tradução é mencionada nas frases seguintes:

As correntes convergentes transformam-se em rios. Se os rios se juntam, que força se lhes pode opor. Assim os timorenses devem unir-se. Unir-se para contrariar o vento que sopra do mar, e termina declarando: ribeiros convergentes transformam-se em rios Timorenses unidos levantemos a nossa terra.

Vale a pena notar que o poema acima se baseia principalmente em imagens para chegar ao seu povo, para que este possa compreender o caminho que deve seguir. Os riachos representam aqui a divisão que existe entre eles no que respeita à língua e à etnia. Além disso, os rios encarnam a sua unidade face ao inimigo que, no poema, é o vento que sopra do mar.

Outro soneto, intitulado "Pátria", também criado para significar o que será o país timorense após a independência, mesmo que esta implique violência, também menciona a unidade como uma caraterística que será desfrutada pelo povo timorense, como se pode ver na tradução seguinte:

A pátria, então, é o sol que deu sendo o elo forte entre as gerações que passam.
Pátria... é um túmulo... é um novo passo, pelas suas vidas... Para a ...
Independência ou morte! Berço da vida, do orgulho, da união da alegria, do amor, do sentimento, do passado e da herança! O som de uma bala
Pátria.(Soares, 2009)

O soneto acima refere-se à unidade dos sentimentos de 'orgulho', 'alegria' e 'amor' que o povo timorense partilhará quando gozar a sua independência. Outro tipo de unidade que também é salientado no soneto acima é a unidade do seu "passado e património", que definitivamente os deve unir face aos seus colonizadores. A história timorense é um exemplo vivo da importância da unidade face à divisão para garantir a paz e a independência do povo.

CAPÍTULO 7

Unidade e divisão na Malásia vista através de *Green is the Colour* de Lloyd Fernando (1993)

A unidade na Malásia é vista como existente apenas se as barreiras que algumas pessoas querem eliminar, como a religião e a raça, forem mantidas, porque só assim as pessoas permanecerão unidas. Isto porque as pessoas podem estar unidas, mas preservar a sua religião e a cultura da sua raça. O medo e o ódio, embora sempre presentes em qualquer sociedade multicultural, foram antes os efeitos do "13 de maio", provocado pelos donos das "mãos ocultas" que, não podendo aceitar os resultados das eleições gerais de 1969, incitaram à violência racial para se apoderarem do poder. O número de mortos atingiu os 2000 e eram maioritariamente chineses (Lim, 2010). A violência racial do "13 de maio" eclodiu depois de os chineses da Malásia terem celebrado a sua vitória nas eleições gerais com um desfile.

De acordo com Lim (2010), não foi apenas a divisão racial que causou a violência de 13 de maio por parte dos chineses, mas também os poderes ocultos, o que é percetível, como afirma, em *Green is the color*. Ou seja, se inicialmente o problema se prendia com a forma de impedir que as etnias racializadas se desunissem e polarizassem, agora deve ser reenquadrado como a forma como os malaios se podem unir através das divisões estruturais (raça, religião, classe e género) para evitar mais divisões e manipulações por parte das elites políticas que falam em nome da raça, da religião, do povo e da nação. Por outras palavras, o que se exige aos malaios não é simplesmente amor e compreensão, mas, mais radicalmente, têm de pôr em prática a perda da unidade.

Quayum (2007), ao escrever sobre *Green is the Colour,* pergunta o seguinte:

> Como é que a Malásia, com a sua pluralidade e multiplicidade, pode encontrar a unidade? Esta é a questão que o autor coloca de forma central no romance e a sua resposta, tanto implícita como explícita, é: através da compreensão, do amor,

do respeito mútuo, da integração natural das raças e, acima de tudo, evitando as visões raciais e religiosas extremistas e ultrarradicais, a favor de uma visão dialógica que acomode perspectivas muito diferentes, com o objetivo de promover a comunhão e a paz.

As palavras acima mencionadas dão qualidades universais que podem alcançar a unidade, mas o romance de Fernando *Verde é a Cor* expõe a divisão que existe devido à existência de diferentes etnias que incluem malaio-muçulmanos, chineses e indianos.

Em *Green is the Color* , Fernando (1993) retrata diferentes personagens pertencentes a diferentes religiões. Omar, que é malaio/muçulmano, acredita, tal como os restantes muçulmanos, que foram os primeiros a chegar à Malásia e que as outras etnias que vieram depois deles devem compreender que os primeiros devem ter o controlo e o poder nas suas mãos. Por outras palavras, como observou Lim (2010), algumas das personagens do romance esforçam-se cautelosamente por manter os seus "ideais liberais igualitários" sobre a Malásia, enquanto "outras, movidas pela ideologia da supremacia malaio-muçulmana, procuram sem remorsos colocar os não-malaios/muçulmanos, com as suas culturas e ideias infiéis, à margem do poder".

É importante notar aqui que a divisão étnica na Malásia, tal como é retratada no romance de Fernando *Verde é a cor,* é a principal razão que levou à perda de unidade e à erupção do sangue derramado em 13 de maio de 1969, e que os malaios estão a recuperar a unidade perdida de que gozaram no passado. Sarah, a mulher de Omar no romance, exprime nas seguintes palavras a sua crença na unidade e na "união" do povo malaio, apesar das suas diferenças raciais, quando estava nos EUA e ouviu falar da erupção da violência do "13 de maio":

[...] Tinha entrado em discussões defensivas com os seus amigos americanos sobre se os malaios estavam a matar chineses e indianos, ou vice-versa [...]. Acrescentou que, afinal de contas, estamos a construir um novo país, estamos a construir o nosso próprio futuro e resolveremos os nossos problemas à medida

20

que forem surgindo. Desenvolveu e agarrou-se ao uso do pronome pessoal no plural porque a acalmava: despertava-lhe sentimentos de patriotismo, de amor pelos concidadãos, fossem eles malaios, chineses, indianos ou euro-asiáticos. Dispensavam-na de perguntar o que realmente tinha acontecido. sabia que não queria realmente saber: tinha abraçado um sentimento ilusório de união com as pessoas em abstrato para encobrir o seu mal-estar, para disfarçar o seu desejo semi-instintivo de não saber. (Fernando, 1993)

Pode inferir-se da passagem acima que as aspirações de unidade de Sarah podem representar o desejo do povo da Malásia, que deve ultrapassar as diferenças raciais e religiosas e compreender que o caminho para o seu desenvolvimento passa pela adoção da unidade, que pode ser alcançada através da sua união em torno da sua humanidade, nacionalidade e interesses comuns.

CAPÍTULO 8

A divisão do eu vista em _Adolphe_ (1818), de Benjamin Constant

A divisão não ocorre apenas entre pessoas, mas também pode acontecer numa pessoa, quando esta tem um eu dividido, como se pode ver no romance _Adolphe_ (1818) de Constant. Adolphe é visto como uma personagem que culpa a sociedade moderna pós-revolucionária pela sua queda. Pode ser comparado a Rousseau nas suas _Confissões_. No entanto, Adolphe é uma personagem fictícia e Constant, de acordo com Landy (2009), está a tentar mostrar que é o seu carácter dividido que o torna incapaz de ver a verdade e que causou a sua queda. O mundo moderno, aos olhos de Constant e Adolphe, encheu os seres humanos de dúvidas em tudo, até na emoção do amor. Aqui, Adolphe não está apaixonado pela sua namorada Ellenore, nem está apaixonado. É incapaz de o fazer porque tem um "eu" dividido.

Adolphe tenta parecer pior do que é na realidade porque o desejo de ter uma identidade tem precedência sobre a tentativa de parecer virtuoso. O seu carácter dividido foi descrito por Landy (2009) como tendo uma alma dividida e não conseguindo parecer unificado. É um narrador que está em conflito consigo próprio, pois por vezes parece estar apaixonadamente envolvido e, noutros casos, cinicamente desligado. Landy (2009) argumenta que "em vez de [Adolphe] ostentar as marcas de uma voz autoral unificada, a narração trai uma dicotomia contínua de visão, desapego e contrição, alternando incessantemente com indulgência e auto-justificação".

O efeito da linguagem na unidade, aos olhos de Landy (2009), é que, nalguns casos, pode oferecer a "ilusão de um eu unificado, o mero sentimento - nem sequer sustentável, neste mundo ficcional - de totalidade". Por outras palavras, o desejo de Adolphe de se tornar uma alma unificada não é realizável e a linguagem teria de ser mágica para unificar a fratura e a divisão que sente na sua alma. Por outro lado, Mezciems (1977) discorda, afirmando que a linguagem faz parte da estrutura que dá unidade, como, por exemplo, na "Viagem a Laputa" de Swift. Mezciems (1977) acrescenta que a linguagem tem a capacidade de transmitir unidade sob a forma de uma

22

utopia. Pode deduzir-se que a linguagem é um instrumento que os escritores utilizam intencionalmente para transmitir o seu tema e que, se o objetivo do escritor é representar a unidade, a linguagem pode ser utilizada para atingir esse objetivo.

CAPÍTULO 9

Unidade religiosa, como se vê em *Saint Theresa* and *Sleeping with Strangers* (2010), de Bahaa Abdelmegid, e em *Aunt* Safiyya and the Monastery (1996), de Bahaa Taher

O romance de Abdel Megid, *Saint Theresa* and *Sleeping with Strangers* (2010), mostra a unidade de muçulmanos e cristãos num bairro de classe baixa do Cairo chamado Shubra, através da vida de duas amigas de infância, Budur e Sawsan, que eram vizinhas. O retrato desta unidade é evocado através de várias cenas, como quando Budur lê a Bíblia "ao alcance dos ouvidos da sua simpática vizinha, (...) que costumava inclinar a cabeça para a ouvir, como se conseguisse perceber o que estava a ser lido em voz alta, e dizia: 'Todas as palavras do nosso Senhor são boas'" (Abdelmegid, 2010). Além disso, quando Budur acorda de manhã, ouve da casa de Sawsan "a voz de Shaykh Muhammed Refaat, que entoa suavemente versos eloquentes do Alcorão Sagrado" (Abdelmegid, 2010). Estas cenas retratam o sentimento de tolerância mútua e de unidade entre muçulmanos e cristãos que vivem no mesmo bairro e desfrutam da amizade uns dos outros no Cairo, Egipto.

Outra cena do romance que apresenta a curiosidade que existe nas almas de muçulmanos e cristãos em relação à religião de cada um é quando Sawsan menciona que, quando foi ao casamento de Budur na Igreja, não era a primeira vez que ia à Igreja, pois em criança costumava "espreitar" a Igreja e tirar "belos retratos coloridos da Virgem e do Menino" e perguntava a si própria "Porque é que nós, muçulmanos, não temos retratos também?" (Abdelmegid, 2010). Por outro lado, Girgis, o marido de Budur, vai a um ferreiro para retirar o sinal da cruz do seu pulso e, quando este é retirado, sente que "se tornou um ser humano como todos os outros que conhecia - nem mais, nem menos" (Abdelmegid, 2010). Assim, pode inferir-se que Abdelmegid está a mostrar como cristãos e muçulmanos não querem sentir-se diferentes uns dos outros, uma vez que não querem ter uma determinada tatuagem que os diferencie de outras pessoas que não são cristãs e os muçulmanos querem ter fotografias como os cristãos. Por outras palavras, as pessoas pertencentes a religiões diferentes comparam a sua religião com outras religiões, desejando ser semelhantes em vários aspectos para se sentirem unidas.

Sawsan não foi discreta quanto aos seus sentimentos de escravatura em relação a Budur, ao declarar que ambos são "como uma só pessoa. Tu fazes parte de mim - uma parte da minha vida - e o teu marido Girgis é como se fosse meu irmão" (Abdelmegid, 2010). Quando Budur foi sarcástico em relação à palavra "irmão", Sawsan exclamou: "Desde quando é que falamos de religião - Islão isto e Cristianismo aquilo? Somos irmãs. O nosso Deus reina nos nossos corações: Juro que nunca senti que fosses de alguma forma diferente de mim" (Abdelmegid, 2010). É possível constatar que este sentimento de unidade que existe entre muçulmanos e cristãos continua a existir porque o povo egípcio pertence à mesma etnia e as diferenças de religião não provocam a sua divisão, uma vez que a sua nacionalidade e humanidade os unem.

Passando para *Aunt Safiyya and the Monastery* (1996), de Bahaa Taher, a unidade religiosa é claramente percepcionada no enredo, no tema e no narrador do romance. Começando pelo enredo do romance, que gira em torno de um jovem muçulmano chamado Harbi, a quem é dado refúgio num mosteiro cristão quando a viúva de um homem que ele matou em legítima defesa exige vingança. O cenário do romance é uma aldeia do Alto Egipto, onde muçulmanos e cristãos viveram pacificamente durante séculos. No que respeita ao tema do romance, a unidade religiosa sobrepõe-se aos rituais de rixa, um ritual que prevalece em algumas aldeias egípcias. Quanto ao narrador, vivemos com ele ao longo do romance as suas memórias de infância até ao momento em que se torna um homem adulto, com vários exemplos no romance da estreita relação de união que une muçulmanos e cristãos. A escolha de Taher da primeira pessoa do singular como meio de narração aproxima o leitor dos seus sentimentos e pensamentos interiores.

O romance, no início e no fim, retrata esta imagem de unidade entre muçulmanos e cristãos. Logo no início do romance, no segundo parágrafo, o narrador afirma: "Os monges costumavam dar-nos, na época, tâmaras açucaradas de uma variedade conhecida pelos seus pequenos caroços, que não eram produzidas por nenhuma das tamareiras da nossa aldeia, mas apenas pelas que se encontravam na quinta do mosteiro" (Taher, 1996). O narrador, que era então um rapaz, ia com o pai ao mosteiro todos os Domingos de Ramos e nos 7th de janeiro para saudar os monges. Além disso, a sua mãe, na Festa Menor, depois do Ramadão, preparava sempre "a caixa do mosteiro", na qual colocava todos os anos os biscoitos açucarados e a ghurayyiba como presente. No final do romance, as últimas frases que o narrador se interroga são as seguintes

> E pergunto-me: ainda há alguma criança que traga bolachas para o mosteiro numa caixa de cartão branca?
> E pergunto-me: será que os monges ainda dão aos seus vizinhos aquelas tâmaras com caroço e açúcar?
> Pergunto-me ...
> Pergunto-me vezes sem conta... (Taher, 1996)

As perguntas acima referidas podem ser retóricas, uma vez que o leitor pode facilmente presumir que a resposta é definitivamente afirmativa, pois os muçulmanos e os cristãos no Egipto têm vivido, na sua maioria, em unidade e paz, numa atmosfera de tolerância e boa vontade.

O tema de *Aunt Safiyya and the Monastery* (1996) de Taher, que é transmitido ao leitor de acordo com a tradutora do romance, Romaine (1995), é que o inimigo do Egipto não reside no seu povo, seja ele muçulmano ou cristão, mas naquilo que divide o Egipto contra si próprio, como "a um nível mais microcósmico, uma prática destrutiva [fued] que coloca irmão contra irmão numa pequena aldeia egípcia". O narrador afirma, no final do romance, que ama os miqaddis Bishai, mostrando como o amor e a tolerância existem entre muçulmanos e cristãos e são revelados no romance de Taher, *Aunt Safiyya and the Monastery* (1996), bem como em *Saint Theresa* and *Sleeping with Strangers* (2010).

CAPÍTULO 10

Unity and Division in *A. B.* Yehoshua's *A Journey to the End of the Millennium* (1993)

A ideia de diversidade cultural e de unidade nacional pode ser claramente percebida na obra de *A. B.* Yhoshua, *A Journey to the End of the Millennium* (1993). Para o revelar, é necessário começar por enumerar os elementos da unidade nacional, que podem incluir a língua, o território, os rituais e as tradições. O romance chama a atenção para a diversidade de rituais entre os judeus do sul e os judeus do norte. A ação do romance gira em torno de um rico judeu do Sul, oriundo do Norte de África, chamado Benn Attar, que tem uma parceria comercial com o seu sobrinho Obulafia, casado com uma judia do Norte, Esther-Minna. Esta parceria representa o desejo de unidade judaica entre o norte e o sul. O conflito surge quando Esther-Minna se apercebe que o tio do marido tem duas mulheres e que ele, tal como o resto dos judeus do sul, é a favor da poligamia. Furiosa, pede ao marido que dissolva a sociedade com o tio e este concorda. Ben Attar fica indignado e, pegando nas suas duas mulheres, vai a tribunal e instaura um processo contra Esther-Minna, pedindo-lhe que assista a um julgamento público em que ele defende a poligamia e desafia a sua aversão à mesma. Esther-Minna receia que o marido imite o tio e tenha também duas mulheres e que ela tenha de enfrentar esta situação subjugante e desumana.

Esta divisão entre os judeus do sul e do norte é evidente nas palavras de Morhag (1999), como se segue:

> Os judeus medievais do sul não têm qualquer sentimento de privação social ou de discriminação étnica. Pelo contrário, estão confiantes na superioridade da sua cultura material e social sobre a dos judeus do Norte. E é com grande desagrado que partem da sua cidade civilizada de Tânger para a pequena e distante cidade de Paris, que consideram um lugar remoto e bárbaro.

27

Apesar de Ben Attar querer restabelecer a sua parceria com o sobrinho judeu do Sul, continua a tentar convencer a judia do Norte, Esther-Minna, das vantagens da poligamia e da forma como esta reforça o amor masculino dos homens e demonstra o facto de um homem ser capaz de amar duas mulheres. No entanto, Esther-Minna considera que ter duas esposas é um ato desumano, degradante e humilhante, que causa um sofrimento extremo a ambas as esposas. A segunda mulher de Ben Attar, que se suicidou, é a prova de que não estava satisfeita com o seu estatuto. Esta morte resolve o problema de Ben Attar, que decide manter a sua primeira mulher, restabelecendo assim a sua parceria com o sobrinho.

É importante notar que o foco aqui é sobre as noções que ajudam a unir pessoas que têm diversidades culturais ou rituais. É evidente, neste romance, que o que ajuda a unir as comunidades é o ato de tolerância em relação à diversidade. Em *A Journey to the End of the Millennium,* Yehoshu não está a tentar mostrar o sucesso de um lado (judeus do norte) sobre o outro (judeus do sul), mas que o que une as pessoas que pertencem a culturas e rituais diferentes (Hartman, 1997) é a sua herança e ideais humanos comuns. Por outras palavras, "ao colocar a humanidade compassiva e a dignidade mútua como os primeiros princípios do amor, Esther-Minna oferece uma alternativa humana ao código opressivo das relações conjugais [poligamia] que Ben Attar se esforça por defender" (Morhag, 1999). Ela acredita que a poligamia prejudica a humanidade das mulheres e os seus direitos de igualdade. Hartman (1997) afirmou que os ideais humanos partilhados são uma base significativa da unidade nacional viável porque "proclamam a igualdade e preservam a dignidade de todos os membros da comunidade nacional. Um ponto crítico fundamental a acrescentar neste momento é o facto de que o que une o povo judeu no romance *Uma Viagem ao Fim do Milénio* pode ser aplicado a qualquer nacionalidade, uma vez que a nossa humanidade nos une e ultrapassa todas as fronteiras, transcendendo as divisões que possam existir sob a forma de língua, tradições, cultura, rituais e etnias.

CAPÍTULO 11

Memórias de um egípcio libertado: Saltando do Círculo!

Nagwa A. Soliman

Estava escuro e pouco iluminado, mas nadar lá dentro era confortável e divertido. O que está a acontecer é que sinto que me estou a mexer sem querer. Abrir caminho através deste círculo fechado em que me encontrava era a forma mais natural de sobreviver. Era como viver num mundo de felizes para sempre, onde tudo o que precisamos se torna realidade. Quanto tempo é que uma situação pode permanecer para sempre? Temos de enfrentar a mudança e adaptarmo-nos. Sinto o círculo confortável em que me encontro a endurecer e estou prestes a ser empurrado para fora da zona de conforto. O que é que se espera lá fora e porque é que isto acontece? Parece que nunca vai acabar. Há uma fonte superior e poderosa que está agora no comando. Ela vai-me expulsar do meu mundo de sonho. Sinto que já não sou bem-vindo neste ambiente e a mudança tem de ocorrer.

Voei para o mundo dos mistérios e das perplexidades. Há sons à minha volta, mas não consigo ver bem. "Olha como é bonito", diz uma voz próxima. Arfei e apercebi-me que já não estava a nadar. Senti o calor de uma pele tenra a esmagar-me. Queria chupar, mas não conseguia. Gritei e chorei para ser ouvido e apercebi-me que a sucção agora não é tão fácil como era antes. Finalmente, consegui sugar o líquido quente e nutritivo que me saciava a fome. Este novo mundo a que fui forçado a entrar é totalmente diferente daquele a que estava habituado. O anterior era escuro, mas aqui sinto que por vezes está cheio de luz e outras vezes está completamente escuro. No meu primeiro mundo, tudo era fácil: comida, calor e segurança. Aqui, a menos que esteja nos braços de alguém, sinto-me insegura, com frio, com fome e desconfortável.

Porque é que uma pessoa começa a sua vida no útero escuro da sua mãe e acaba na cova escura debaixo do solo negro? É um círculo ou um ciclo que temos de percorrer.

É uma pergunta que não tem resposta. É o que acontece a todos os seres humanos. Este círculo não é apenas evidente no nascimento e na morte de uma pessoa, podemos observá-lo na natureza. Temos o ciclo do dia e da noite; verão, outono, inverno, primavera e verão de novo. Temos o ciclo da própria terra a girar em círculos e à volta do sol. Mesmo quando somos criados a partir da inexistência, acabamos por deixar de existir depois da morte. As flores estão lá durante algum tempo e depois morrem e desaparecem. Tudo o que está vivo à nossa volta passa por este ciclo. Uma vez que este círculo está em todo o lado à nossa volta, se tentarmos sair dele, perdemos o equilíbrio e podemos cair. Se tentarmos girar em círculos sem parar, apenas alguns de nós podem tolerar esta ação e não cair no chão.

Ao crescermos no Egipto, somos envolvidos não pelos círculos que vemos na natureza e nos seres vivos, mas por um conjunto de regras que estão consagradas na nossa religião, cultura e tradições. Aprendemos com os nossos pais, avós e anciãos que é assim que as coisas são tratadas. Devemos rezar, obedecer, estudar, casar, e não questionar, pensar, contestar, avaliar, nem nos rebelarmos. Estas características estão enraizadas na maioria dos egípcios, independentemente da classe a que pertencem. Também está relacionado com o círculo, porque os avós transmitem-nas aos pais e estes ensinam-nas aos filhos, e isto continua para sempre. Não é uma caixa da qual devemos sair; é um círculo com o qual devemos fluir se quisermos sobreviver neste mundo.

Tendo sido criados num ambiente em que éramos apenas receptores passivos daquilo que nos diziam que era verdade e daquilo que nos persuadiam a acreditar que eram os nossos deveres, tendíamos a fazer as tarefas diárias num ciclo ou círculo sem fim. É o envolvimento neste ciclo que faz com que uma pessoa deixe de pensar em saltar fora. O povo egípcio fazia o seu trabalho quotidiano sem nunca acreditar que iria assistir a um dia em que o presidente do seu país seria derrubado pelo seu próprio povo.

Os egípcios nunca imaginaram possuir um tal poder quando unidos como uma nação.

O rumor da revolução estava a circular no ar e em todas as casas. Todos os jovens estavam a comunicar através do Facebook e de outras redes sociais e sabiam do dia da revolução. Os pais pensavam apenas que seria esmagada como no ano passado, em abril de 2010. Nunca lhes ocorreu que isto era a sério, que os jovens do país tinham finalmente percebido que se podiam unir e seguir as pegadas dos tunisinos no seu caminho para a liberdade. Esta rutura do ciclo de opressão, medo e abuso nunca seria possível sem o Demo tunisino. Não se tratou de um filme nem de um romance, pois foi real e vivo e os tunisinos conseguiram, pela sua unidade e determinação, forçar o seu presidente a demitir-se. Através dos media e do satélite, o povo egípcio pôde aprender uma lição com o povo tunisino que mudou a história do seu país. Os egípcios só tinham de ver a televisão ou o YouTube para saber a verdade. Deixaram de confiar na sua televisão estatal, que era como uma falsa ilusão que lhes escondia os verdadeiros acontecimentos no seu próprio país. Este jogo falso não podia continuar, pois era preciso pôr fim a toda a corrupção que se verificava e se prolongava há trinta anos. Os jovens corajosos desceram à praça Tahrir e aí permaneceram durante 18 dias, ao frio. Enfrentaram mesmo os bandidos e os polícias que os atacaram com munições reais e assassinaram 350 deles. Isso não os impediu de continuar e de apoiar a sua causa até atingirem o seu principal objetivo, que era forçar o presidente a demitir-se, recorrendo à unidade e descartando a divisão.

Acordei e apercebi-me de que estava a sonhar. A minha mãe queria que eu fosse para a escola como de costume, mas eu não me estava a sentir bem. Tinha de me levantar e participar no ciclo diário que todos os alunos vivem. A minha escola ficava perto de onde eu morava e eu gostava de ir a pé para a escola. O desafio de ser o melhor e o primeiro da minha turma estava enraizado em mim e sabia que ser o primeiro era o meu principal objetivo. Sonhava com o dia em que seria famoso e a minha fotografia seria publicada no jornal a dizer que eu era o primeiro e melhor aluno do meu país. Este objetivo empurrava-me para a frente e dava-me o incentivo para continuar na escola e, mais tarde, na universidade. A minha mãe educou-nos na obediência imediata, sem espaço para questionamentos ou rebeliões. Eu obedecia, enquanto a minha irmã

Fadia estava sempre a opor-se.

Viajar para muitos países não foi uma provação. Londres foi o nosso primeiro local. Lá, o sol quase não brilhava e, quando brilhava, a minha mãe levava-nos ao parque. Brincávamos com o boneco de neve e fazíamos bolas de neve. A minha mãe e o meu pai costumavam, por vezes, fechar-nos à chave e sair. Éramos quatro irmãs e não nos importávamos, exceto que às vezes trancavam a casa de banho, o que me fazia sentir desconfortável. Costumávamos brincar às casinhas. Cada uma de nós tinha uma boneca. O meu sonho era ter uma boneca que falasse, o que hoje em dia é normal. Quando eu era criança, a minha casa de sonho era um objetivo ou uma meta que eu queria alcançar. Até hoje, ainda não atingi o meu primeiro objetivo de infância.

"Acorda Noura, acorda. O que é que se passa contigo?" De repente, acordei mais uma vez e encontrei-me num belo quarto com a luz do sol a entrar pelas janelas. Olhei para a pessoa que me acordou e apercebi-me que era Tânia, a minha doce criada que teve a amabilidade de me acordar por eu ter adormecido. Ela preparou o meu banho, eu tomei um duche e desci para tomar o pequeno-almoço. Pedi à Tânia que me trouxesse o meu pequeno-almoço no jardim. Aí sentei-me e comecei a contemplar o pesadelo que tinha vivido na noite passada. Estava num país onde tudo estava desarrumado. As pessoas à minha volta tinham medo de falar ou de expressar as suas opiniões. Não tinham quase nada para comer e não podiam comprar roupa nova. Dependiam do que os ricos por vezes lhes davam.

Ao longe, multidões de pessoas reclamavam a liberdade perdida, salários dignos e o fim da opressão. As balas eram disparadas, homens e mulheres gritavam. Mais tarde, rezavam e pediam a Deus que os ajudasse a vencer. A vitória chegou finalmente quando o sol voltou a brilhar e um herói corajoso arriscou a vida para salvar o seu país de se afogar num túnel escuro de opressão, hipocrisia e fascismo em nome da religião. Desceram os bravos soldados do exército com os seus tanques nas ruas para actuarem como escudos e asas que protegerão toda a nação das garras das águias do mal que tinham invadido o nosso país.

Que alívio senti quando o meu país foi restaurado e a paz pairava no ar. Como nos sentimos todos quando saímos para as ruas em apoio ao nosso salvador, que teve a coragem de enfrentar o nosso inimigo e podia ter sido condenado à pena de morte, mas o medo não estava na sua alma, pois tinha uma causa maior, que era o amor que lhe corria nas veias pelo seu país e pelo seu povo. Nunca se viu tanta coragem, dignidade e determinação para prosseguir para a prosperidade, a segurança e a liberdade. De facto, a liberdade nunca é fácil de alcançar, mas quando a tocamos, sentimos que valeu a pena tudo o que passámos.

Consegui finalmente saltar do círculo para a luz da liberdade que me chamava para fora do círculo eterno que nos estava a esmagar a humanidade num mundo onde a sobrevivência era para os mais aptos. O meu nome Noura, que vem da palavra árabe luz, afastou-me do círculo que se repete diariamente. É neste não-círculo que vemos o mundo parar e deixamos de nos mover com a terra num movimento ininterrupto que nos retira gradualmente as nossas capacidades de perceção e compreensão. Todos nós precisamos deste momento de isolamento, de divisão e de confissão, quando nos apercebemos do que cometemos em nome da religião para com os nossos semelhantes. Fomos criados para olhar à nossa volta e pensar numa forma de fazer deste mundo um lugar melhor. Nunca foi concebido para ser uma guerra de interesses e uma luta por ganhos materialistas. Nunca nos desenvolveremos se não espalharmos a unidade, o amor e a liberdade. Saltar para fora deste círculo é a nossa única esperança de sobrevivência. Não nos dividirá nem nos isolará do resto do mundo, pois seremos capazes de pensar, inovar e criar ao nosso próprio ritmo e continuaremos unidos ao resto das pessoas.

CAPÍTULO 12

Unitonia: Um sonho ou uma realidade!

Nagwa A. Soliman

Nádia esforça-se por seguir em frente, apesar do calor e das estradas de terra batida. À sua volta, o deserto árido olhava para ela de diferentes ângulos, como se lhe pedisse perdão pela sua incapacidade de a alimentar. Ainda tinha provisões suficientes para dois dias, mas a sua preocupação era saber quando chegaria a Unitónia. Ela estava a conduzir o seu carro solar e, de acordo com o mapa, não estava muito longe da sua terra de sonho.

Há uma semana, tinha encontrado por acaso uma jovem que parecia pacífica e serena. Não tinha nada a ver com o ritmo acelerado da multidão que a rodeava. "Preciso de falar com esta senhora, pois ela parece perdida", pensou e, assim que esse pensamento lhe passou pela cabeça, a senhora veio ter com ela e perguntou-lhe onde estava. Nádia, felizmente, estava de férias e dispôs-se a ajudá-la. A senhora apresentou-se como Emma e acrescentou que tinha vindo de outro país chamado Unitónia e que queria ficar num sítio que aceitasse bens em troca da sua estadia em vez de dinheiro. Ema explicou que, em Unitónia, não se usa dinheiro, pois tudo é organizado através da troca de mercadorias.

Nádia começou por pensar que Emma estava instável ou a sonhar, mas quando continuou a ouvir a sua história, acreditou que ela estava a dizer a verdade. Nádia ofereceu-se para ficar com ela no seu quarto, em casa dos pais, e podia dar-lhe em troca os bens da Unitónia que trouxera consigo. O que levou Nádia a fazer isso foi a sinceridade que brilhava no rosto e nos olhos de Emma.

Quando chegaram a casa de Nádia, os pais começaram por não aceitar a ideia, uma vez que nunca tinham visto a Emma e não conseguiam perceber como é que Nádia podia confiar nela quando apenas se tinham conhecido. Perante a insistência de Nadia,

34

acabaram por concordar em deixá-la ficar durante apenas uma semana. Na verdade, este era o tempo de que Emma precisava para atingir o seu objetivo, que era ser apresentada a este país estranho. Ema percorreu um longo caminho ao deixar o seu país para se familiarizar com outros países diferentes do seu e que ainda usam dinheiro. Ela queria observar a vida quotidiana das pessoas, observando as tarefas diárias de Nadia.

A Nádia tinha acabado a universidade e trabalhava numa empresa como contabilista e a tempo inteiro, num emprego normal das 9:00 às 17:00. Tinha de trabalhar para ajudar os pais a pagar a hipoteca da casa e o resto das contas, ficando com uma parte do seu salário para si. Os seus pais tinham o mesmo horário e isso implicava seguir um sistema no que diz respeito à hora de dormir, à socialização e ao estilo de vida.

Para a Emma, isto foi bastante chocante, pois na Unitónia toda a gente pode criar o seu próprio estilo de vida, desde que, no final do dia, consiga produzir o que foi acordado. O sistema no país baseava-se em diferentes campos em que as pessoas eram livres de se juntar ao sector em que se sentissem mais aptas. Por exemplo, os que se interessam pela plantação podem juntar-se ao grupo da agricultura e os que se interessam pela indústria transformadora podem fazer parte desse grupo, mas isso deve ser feito de acordo com as necessidades do seu país, a Unitonia. No final de cada dia, certas pessoas são encarregadas de trocar os produtos de cada grupo com os outros grupos e é assim que sobrevivem unidos como seres humanos que não são controlados pela quantidade de dinheiro que ganham. Todas as pessoas são iguais, uma vez que cada grupo trabalha para a sobrevivência dos outros grupos e o comércio dos seus produtos satisfaz as suas necessidades desde que estejam unidos, o que foi o segredo por detrás da escolha do nome do seu país, Unitonia.

Emma cresceu num ambiente assim e pensava que o mundo inteiro vivia da mesma maneira. Um dia, quando ouviu dizer a alguém de fora que há outros países que usam dinheiro em vez de comércio, sentiu-se compelida a viajar para um desses países para experimentar outro tipo de vida em que as pessoas trabalham por dinheiro e não podem fazer nada sem ele. Sugeriu a Nádia que trocassem de vida para ver qual seria a mais adequada para elas através de uma experiência real. Combinaram inventar uma história falsa para os pais de Nádia, dizendo que ela ia numa viagem de trabalho e que Emma tinha de trabalhar no mesmo país como substituta. Isto foi possível, uma vez que na Unitónia todos recebem uma educação básica que os torna aptos a trabalhar em diferentes profissões e a Emma tinha trabalhado como contabilista na Unitónia, pelo que tinha experiência anterior nesse trabalho.

No dia da partida, Nádia certificou-se de que Ema não daria esta notícia aos pais, exceto depois de ter iniciado a viagem. Nádia soube pela Ema que, para chegar a Unitónia, tinha de ir de carro, pois não há aeroportos para as pessoas viajarem de avião. A Ema forneceu a Nádia um mapa com a estrada que ela deveria seguir para chegar ao seu destino.

Nádia estava a viajar há dois dias e parou para comer numa cafetaria ao longo do caminho. Quando entrou, viu um jovem com a sua filha a conversar. Ela estava sentada numa mesa próxima e não pôde deixar de ouvir a conversa deles. Para sua surpresa, eles também se dirigiam para Unitónia. Dirigiu-se a eles e disse-lhes que ia para o mesmo país e que agradecia a sua ajuda. O jovem parece disposto a ajudar. "Não há problema nenhum. O meu nome é Fred e esta é a minha filha Salwa. Prazer em conhecer-vos", disse ele com um tom alegre e amigável. Nádia perguntou-lhe quais as razões que o levaram a correr o risco de viajar para este novo mundo, onde as pessoas já não usam dinheiro e fazem comércio. "A mesma razão que eu acredito que tu tomaste esta decisão. Porque é que eu hei-de ser obrigado a viver nesta ilusão incessante de que o país em que vivemos é um lugar unido e agradável, quando o dinheiro nos manipula a todos? Como é que adivinhaste as minhas intenções?

Nota-se na minha cara?" "Absolutamente", respondeu ele.

Fred contou-lhe como a mulher o tinha abandonado, a ele e à filha Salwa, de 6 anos, sem qualquer razão aparente, a não ser o facto de não conseguir suportar o sistema diário que a escraviza com todas as responsabilidades que tem de enfrentar dentro e fora de casa. Decidiram divorciar-se e quando ele ouviu falar deste novo país, Unitonia, decidiu deixar o seu trabalho e partir para este novo e excitante lugar. Fred e Nádia decidiram viajar juntos, uma vez que estavam a ir para o mesmo país. Ele vai à frente dela e ela vai logo atrás. Combinaram também parar no próximo motel para comer e descansar durante a noite.

Cinco horas mais tarde, apareceu um pequeno motel e Fred e Nadia pararam e fizeram o check-in por um dia para descansar até ao dia seguinte e comer uma refeição quente para os alimentar, pois Salwa estava esfomeada e muito rabugenta. Enquanto comiam no restaurante, dois jovens falavam em voz alta e eles ouviram a conversa sobre a nova vida que esperavam passar em Unitonia, onde poderiam gozar de liberdade, paz de espírito e verdadeira união com seres humanos que já não estão sob o feitiço do dinheiro e dos interesses materiais.

Fred, Nadia e Salwa juntaram-se espontaneamente a eles, anunciando que também eles se dirigiam para Unitónia. Os dois jovens, Ahmed e Ali, cumprimentam-nos e falam-lhes da sua vida intolerável, da qual estão a fugir. "Agora sinto que me tornei um verdadeiro ser humano, que controla a minha vida e o meu tempo. Sou capaz de pensar, contemplar e tomar decisões acertadas, o que era impossível na minha vida anterior", disse Ahmed. Ali acrescentou: "Não consigo imaginar como fui capaz de sobreviver a toda aquela monotonia, miséria e stress." Ahmed era agricultor e Ali era engenheiro. Fred ainda não tinha dito a Nadia qual era a sua profissão, mas quando Ahmed e Ali falaram das suas profissões, ele disse: "Gostaria muito de continuar a ser médico quando chegar a Unitónia, mas não nas mesmas condições". "Gostaria de mergulhar no mundo do comércio e esquecer o dinheiro e o seu feitiço destrutivo", acrescenta.

Assim, no dia seguinte, Fred, Nadia, Salwa, Ahmed e Ali viajaram todos juntos em direção a Unitonia, que ainda estava a quatro dias de distância, segundo o mapa que todos seguiam. Mais uma vez, a mesma coincidência repetiu-se num outro motel a caminho de Unitonia, mas desta vez encontraram duas jovens e uma delas, para surpresa de Nádia, era a Ema. "Emma! O que é que estás a fazer aqui? Era suposto estares a substituir-me no trabalho e ficares com os meus pais até eu voltar." Exclamou Nadia. "Não conseguia suportar este tipo de vida materialista, sem alma nem sentimentos. Tornou-se tão rígida que senti que me ia abaixo. Conheci uma amiga minha, Susan, que é padeira, e decidimos regressar a Unitónia. respondeu Emma.

Assim, todo o grupo, incluindo a Emma, a Nadia, o Fred, a Salwa, o Ahmed, o Ali e a Susan, partiu em conjunto, com a Emma a tomar a dianteira, uma vez que pertencia à Unitonia e conhecia o caminho. Enquanto todos conduziam, um após o outro, um terrível tornado atingiu-os de repente e os seus carros começaram a abanar e a virar rapidamente e perderam o controlo. A Emma conseguiu sair do seu carro e salvou o resto do grupo. Felizmente, encontraram-se perto de um motel próximo, onde passaram a noite, sem saber como conseguiriam transporte para chegar a Unitonia.

Emma acordou cedo no dia seguinte, fez alguns telefonemas e encontrou-se com o resto do grupo no restaurante, dizendo-lhes que havia algo muito importante que precisava de lhes dizer. Eles estavam muito preocupados com o seu estado e encontraram-se com a Emma na sala de estar. Ema disse: "Gostaria de fazer uma confissão que vos parecerá estranha, mas é a verdade. Não sou humana, pois pertenço a outro planeta e vim visitar o planeta Terra para vos convidar a virem viver comigo na Unitonia; ela existe mesmo, mas não aqui." Nádia perguntou: "Porque é que nos escondeste este facto durante todo este tempo e porque é que achas que vamos acreditar em ti?" Emma respondeu: "Tive de o fazer para vos convencer a vir comigo e ter-vos-ia contado de qualquer maneira, porque não podemos lá chegar sem apanhar uma nave espacial especial que está prevista chegar hoje."

No início, todos hesitaram e não acreditaram nela, pois parecia tão humana e não havia sinais que a pudessem identificar como uma extraterrestre. No entanto, quando, dentro de algumas horas, Ema lhes disse que lhes iria mostrar a nave espacial que estava pronta para os levar a Unitónia, todos perceberam que ela não estava a mentir. Sabiam que não tinham outra escolha senão aceitar acompanhar Emma a Unitonia, onde toda a gente está unida e vive em paz e harmonia; além disso, não há espaço nem tempo para guerras ou conflitos entre pessoas que estão todas a desfrutar principalmente da sua humanidade.

Dentro de algumas horas, todo o grupo liderado por Emma, depois de o tornado ter diminuído, caminhou durante meia hora depois de sair do motel e, para seu espanto, lá estava a nave espacial à sua espera no meio do deserto. Era uma nave metálica com janelas quadradas que a rodeavam em todas as direcções. Os extraterrestres estavam de pé junto às janelas, observando-os enquanto se aproximavam da porta. Nádia, que segurava a mão de Salwa, estava muito ansiosa, pois sabia que, depois de deixar a Terra, poderia não conseguir regressar e estava preocupada com os sentimentos dos seus pais. No entanto, apercebeu-se de que tinha tomado a decisão de sair de casa e começar uma vida diferente, onde os objectivos materialistas não existem e as pessoas vivem em união e paz.

O Fred deixou a Salwa ir com a Nádia porque ela ficou aterrorizada quando viu a nave espacial e desatou num choro frenético e histérico. Nádia foi a única pessoa do grupo que conseguiu apaziguá-la e segurou-lhe na mão para lhe garantir que tudo ficaria bem e que não havia necessidade de ter medo. Fred hesitou durante algum tempo e estava prestes a pegar na sua filha Salwa e partir, mas Nádia conseguiu convencê-lo de que uma vida melhor os espera e que podem encontrar a unidade, a paz e a felicidade que não conseguiram alcançar na Terra. Fred pensou durante horas seguidas, pois era médico e recebia um salário elevado que lhe permitia usufruir de um nível de vida elevado, mas que não lhe proporcionava felicidade nem satisfação porque, quanto mais dinheiro ganhava, mais consumia bens que não eram necessários mas importantes para se manter a par do resto do seu séquito social e da sua fachada. Por outras palavras, ele queria sempre comprar as últimas marcas e estilos de telemóveis, carros, equipamentos eléctricos, roupas e a lista nunca mais acaba. Era o que acontecia com todos aqueles que podiam pagar por esses artigos e que pertenciam às classes média e alta. Todos eles queriam gabar-se e mostrar a sua capacidade de consumir e comprar as últimas modas e marcas disponíveis no mercado, mesmo que não precisassem dessas coisas. O seu único desejo era tirar selfies e fotografias de si próprios com tudo o que tinham comprado ultimamente para que os seus amigos sentissem inveja ou fossem, se pudessem, comprar as mesmas coisas para apaziguar o seu ego. A sua mulher abandonou-o e este ciclo interminável fê-lo pegar na sua filha e procurar uma nova vida e, por isso, a sua decisão foi ir para Unitonia com o resto do grupo.

Ahmed e Ali também estavam muito preocupados e disseram a Emma para lhes dar algum tempo para pensar e decidir se decidiriam ou não ir com ela para Unitonia. Ahmed estava preocupado com o facto de poder não encontrar trabalho como agricultor em Unitonia e o mesmo se passava com Ali, que era engenheiro e não tinha a certeza de que o seu trabalho fosse necessário em Unitonia. Ambos chegaram a um acordo para discutir o assunto com Emma. Quando falaram das suas apreensões a Emma, ela disse: "Fiquem descansados que todos os membros deste grupo têm emprego garantido em Unitónia e participarão no comércio dos seus produtos com outros cidadãos de Unitónia". As palavras de Emma confortaram Ahmed e Ali, que decidiram ir com o resto do grupo para Unitónia.

Estavam agora todos em frente da nave espacial e a sua porta abriu-se com Emma à frente. Ela fê-los entrar um a um e foram recebidos por extraterrestres que pareciam humanos, mas que tinham um olhar estranho. Estavam todos a sorrir e pareciam pacíficos e felizes. O grupo foi conduzido a uma sala com cadeiras onde lhes foi pedido que se sentassem e que apertassem os cintos de segurança, pois a nave espacial estava prestes a partir. Eles obedeceram e, assim que os cintos de segurança foram apertados, ouviram um rugido lá fora. Nádia estava sentada junto à janela e pôde ver uma multidão de pessoas a aproximar-se da nave espacial e a gritar e a berrar com as suas espingardas apontadas à nave espacial. Nádia chamou Emma e perguntou-lhe: "Porque não os deixas entrar? Parecem estar dispostos a juntar-se a nós. Porque não abres a porta da nave espacial para que eles possam entrar?" Emma respondeu: "Não. Isso não é possível, pois eles estão armados e nós somos extraterrestres pacíficos e unidos que nunca poderão comunicar com seres humanos agressivos que usam armas para controlar os outros, pois isso é um sinal de divisão que não podemos tolerar ou aceitar na nossa sociedade." Com estas palavras de Emma, a nave espacial partiu para Unitónia.

Demoraram cerca de três dias a chegar a Unitonia e, durante esse período, os extraterrestres foram simpáticos e muito prestáveis para com o grupo (Nadia, Fred, Salwa, Ahmed, Ali e Susan). Sentiram que estavam com as suas famílias e não sentiram saudades da sua vida passada. Finalmente, chegaram e a nave espacial aterrou. Assim que a porta se abriu, houve uma cena inesquecível que ficou gravada nas suas mentes desde que pisaram a Unitónia. Para seu espanto, a gravidade era normal e as pessoas não estavam a voar aqui e ali. O país não só tinha uma paisagem deslumbrante, como a arquitetura de todos os edifícios estava em harmonia, o que permitia identificar facilmente a mentalidade de unidade dos extraterrestres, pois todos os edifícios estavam ligados uns aos outros e tinham a forma de um enorme círculo que facilitava o comércio entre os seus cidadãos. Todas as casas eram duplex e tinham um jardim real ou um jardim artificial em socalcos onde os habitantes passavam os seus tempos livres com os passatempos que lhes interessavam. Não havia pobres nem ricos, pois todos eram iguais no que respeita ao tamanho das suas casas. Cada família podia optar por ter um ou dois filhos e não podia ter mais filhos porque todos viviam no mesmo espaço. A escolha que foi dada às pessoas em relação às suas casas foi a cor dos seus duplexes e deviam escolher de entre um conjunto de cores para manter a harmonia e a unidade que se manifesta claramente em todo o país.

Os estrangeiros eram todos especializados em diferentes áreas e o grupo (Nadia, Fred, Salwa, Ahmed, Ali e Susan) não teve dificuldade em integrar-se de acordo com a sua profissão. A jovem Salwa foi uma exceção, pois entrou para a única escola e universidade que existia na Unitónia e que tinha alunos desde o início até ao fim. Por

41

outras palavras, era uma escola e uma universidade ao mesmo tempo. A unidade aqui é vista no facto de todos terem a mesma educação básica e, quando chegam à universidade, têm a opção de escolher a profissão que preferem, que depende das necessidades de Unitonia. Assim, se o planeta Unitónia precisar de médicos e de engenheiros, por exemplo, terão uma destas duas opções para escolher. Este plano garante que todos os que vivem neste planeta, ao escolherem uma profissão, encontrarão outros que farão trocas com eles porque as profissões que escolheram são necessárias em Unitónia.

O comércio costumava realizar-se uma vez por dia, a uma determinada hora, depois de as pessoas terminarem o seu trabalho. As pessoas só eram obrigadas a fazê-lo a uma hora combinada, de modo a satisfazer as suas necessidades diárias. O dinheiro não existia e não havia classes nesta sociedade, pois eram todos iguais. As famílias viviam perto umas das outras e tinham o privilégio de se poderem visitar frequentemente, o que lhes permitia ajudarem-se mutuamente na educação dos filhos e no apoio aos pais e avós quando estes ficavam velhos e desamparados. Fred, Salwa, Nadia, Ahmed, Ali e Susan estavam realmente felizes e satisfeitos, pois sentiam-se sempre parte de uma sociedade inteira que não tinha objectivos materialistas e cuja única preocupação era fornecer serviços e produtos adequados aos outros, para que estes estivessem dispostos a negociar com eles. Por exemplo, se um dos cidadãos de Unitónia precisasse de pão, ia ter com o padeiro e trocava o pão por ovos, se ele fosse especializado em produzi-los, e este mesmo sistema de trocas aplica-se a todos os outros artigos.

No que diz respeito ao transporte, o planeta disponibilizava mini-automóveis com paragens específicas onde se podia utilizá-los automaticamente e ir até ao destino desejado, desde que se deixasse o avião estacionado na zona de estacionamento designada. Estes aviões não eram propriedade de ninguém, pois eram propriedade da Unitónia. Se a zona de estacionamento não fosse próxima do destino, era necessário percorrer o resto da distância a pé. Isto assegurava que toda a gente teria de caminhar todos os dias durante algum tempo, o que garantia um estilo de vida saudável. O número de aviões era equivalente ao número de trabalhadores. Os idosos não eram autorizados a conduzir estes aviões, uma vez que o comércio podia ser efectuado pelos seus filhos ou netos. Fred, Salwa, Nadia, Ahmed, Ali e Susan vivem em Unitonia até hoje. Eles sonham sempre em exportar o sistema e o estilo de vida de Unitonia para a Terra, mas continuam a adiar os seus sonhos porque duvidam que os seres humanos na Terra sucumbam a este mundo unido e pacífico onde nada importa exceto a unidade, a paz e o amor.

Trabalhos citados

Abdelmegid, B. (2010). *Saint Theresa and Sleeping with Strangers [Santa Teresa e dormir com estranhos].* Cairo, Egipto: Universidade Americana no Egipto.

Allen, D. S. (2004). *Talking to Strangers: Anxieties of Citizenship since Brown V. Board of Education [Anseios de Cidadania desde Brown V. Conselho de Educação].* Chicago: University of Chicago Press.

Anderson, B. (1991). *Imagined Communi- ties: Reflections on the Origin and Spread of Nationalism.* Nova Iorque: Verso.

Anderson, B. (1991). *Imagined Communities: Reflections on the Origin and Spread of Nationalism 2ª ed. rev.* Nova Iorque: Verso.

Cáceres, S. B. (2011). Rumo ao Concerto em África: Seeking Progress and Power through Cohesion and Unity. *African Studies Quarterly Volume 12, Número 4.*

Constant, B. M. (publicado pela primeira vez em 1816, 2016). *Adolphe .* EUA: Createspace Independent Publishing Platform.

Counter, A. J. (2014). A política reprodutiva do fin-de-siecle de Zola. *French Studies: A Quarterly Review, Volume 68, Número 2,* 193-208.

Cusack, I. (2001). Nation-builders at work: The Equatoguinean 'myth of Bantu unity. *Nationalis and Ethnic Politics, 7:3, DOI:10.1080/1357110108428638,* 77-97.

Du Bois, E. B. (1989). *The Souls of Black Folk: Essays and Sketches.* New York: Bantam.

Fernando, L. (1993). *Green is the Colour.* Kula Lumpur: Silverfish.

Galison, P. (1998). The Americanization of Unity. *Daedalus, Vol. 127, No. 1, Science in Culture,* 45-71.

Gates, H. L. (1994). *Colored People: A Memoir [Memória].* Nova York: Knopf.

Hartman, G. (1997). *The Fateful Question of Culture.* Nova Iorque: p. 6.

Hepburn, B. (novembro). US Still a Nation Deeply Divided" [Os EUA continuam a ser uma nação profundamente dividida]. *Toronto Star,* 2008.

Hollinger, D. A. (2011). A unidade do conhecimento e a diversidade dos conhecedores: Science as an Agent of Cultual Integration in the United States Between the Two Worlds Wars [A Ciência como Agente de Integração Cultural nos Estados Unidos entre as Duas Guerras Mundiais]. *Pacific Historical Review, Vol. 80, No. 2,* 211-230.

Jahoda, G. (2014). Theodar Waitz sobre a unidade psíquica. *Springer Science and Business Media New York- Integr Psych Behav,* 176-203.

Johnson, C. (1998). *Dreamer: A Novel.* New York: Scribner.

LANDY, J. (PRIMAVERA VERÃO 2009). O abismo da liberdade: Legitimidade, unidade e ironia em "Adolphe" de Constant. *Nineteenth-Century French Studies, Vol. 37, No. 3/4,* 193-213.

Lee, A. (1984). *Sarah Phillips.* Boston: Northeastern UP, 1993.

Lim, D. C. (2010). A unidade perdida? Reframing ethnic relations in Lloyd Fernando's Green is the Colour. *Journal of Postcolonial Writing,* 46:2, 138-150.

Lisson, D. (2008). Definição de "Grupo Nacional" na Convenção sobre o Genocídio: Um Estudo de Caso de Timor-Leste. *Stanford Law Review Vol. 60,* 1459-1496.

Loewe, M. (1994)). China's Sense of Unity as Seen in the Early Empires" (O Sentido de Unidade da China visto nos primeiros impérios). *T'oung Pao, Segunda Série, Vol. 80, Fasc. 1/3 ,* 6-26.

MADDEN, D. (2012). Você não pode voltar para casa novamente: a visão de Thomas Wolfe da América. *The Thomas Wolfe Review (2012).*

McGarry, J. a. (1995). *Explaining Northern Ireland: Broken Images. .* Londres: Wiley-Blackwell.

McGarry, J. a. (2009). *Teoria da associação: McGarry e O'Leary e o Conflito da Irlanda do Norte.* London: Routledge.

Mezciems, J. (1977). A unidade de "Voyage to Laputa" de Swift: Structure as Meaning in Utopian Fiction [A Estrutura como Significado na Ficção Utópica]. *The Modern Language Review, Vol. 72, No. 1*, 1-21.

Mihelj, S. (2008). Eventos mediáticos nacionais: From displays of unity to enactments of division. *Revista Europeia de Estudos Culturais. Publicações SAGE. Universidade de Loughborough*, Volume 11 (4) 471-488.

Morahg, G. (setembro de 1999). Testando a Tolerância: Cultural Diversity and National Unity in A. B. Yehoshua's A Journey to the End of the Millennium. *Prooftextd, Volume 19, Número 3*, 235-256.

Moss, S. M. (2014). Para além do Conflito e das Identidades Estragadas: How Rwandan Leaders Justify a Single Recatagorisation Model for Post-Conflict Reconciliation [Como os Líderes Ruandeses Justificam um Modelo Único de Recatagorização para a Reconciliação Pós-Conflito]. *Journal of Social and Political Psychology*, 435-449.

Moss, S. M. (2016). Não se pode dar uma seringa com unidade. *Análises de Questões Sociais e Políticas Públicas, Vol. 16, No. 1.* , 325-359.

Murray, R. (2010). The Time of Breach: A divisão de classes e o romance afro-americano contemporâneo. *Novel: A Forum on Fiction, Vol. 43, No. 1, Theories of the Novel Now, Part III*, PP. 11-17.

Nagle, J. (2013). 'Unidade na Diversidade': Non-sectarian Social Movement Challenges to the Politics of Ethnic Antagonism in Violently Divided Cities. *Revista Internacional de Investigação Urbana e Regional Volume 37*, 78-92.

Penner, T. (1972). The Unity of Virtue. *Th Philosophical Review, Vol. 82*, 35-68.

Plaut, V. (2014). Ciência da diversidade e desenho institucional. *Policy Insights from the Behavioral and Brain Sciences, I*, 72-80.

Quayum, M. A. (2007). Imagining 'Bangsa Malaysia': Race, Religion and Gender in Lloyd Fermando's Green is the Colour. *One Sky, Many Horizons: Studies in Malaysian Literature in English*, 151-66.

Rossbacher, B. (primavera, 1997). Unidade e comunidade imaginada: Die Birnen von Ribbeck e Der Sonntag, andem ich Weltmeister wurde de F. C. Delius. *The German Quarterly, Vol. 70, No. 2*, 151-167.

Rowland, R. C. (2007). "Reformulando o sonho americano e a política americana: Barak Obama's Keynote Adress to the 2004 Democratic National Convention". *Quarterly Journal of Speech 93*, 435.

Silva-Leander, S. (2008). On the Danger and Necessity of Democratisation: TradeOffs between Short-Term Stability and Long-Term Peace in Post-Genocide Rwanda". *Third World Quarterly, Vol. 29, No. 8*, 1601-1620.

Snyder, J. a. (1997). Nationalism and the Marketplace for Ideas. *National and Ethnic Conflict*, 61-96.

Soares, A. (2009). Identidade Nacional e Unidade Nacional na Literatura Contemporânea de Timor-Leste. *Estudos Portugueses, Vol. 25, N.º 1*, 80-101.

Tabishat, M. (2012). Society in Cinema: Antecipando a Revolução na Ficção e nos Filmes Egípcios. *Social Research: An International Quarterly*, Volume 79, Número 2, pp. 377-396.

Taher, B. t. (1996). *Aunt Safiyya and the Monastery (Tia Safiyya e o Mosteiro).* Berkeley e Los Angeles: University of California Press.

Terrill, R. E. (2009). Unity and Duality in Barack Obama's " A More Perfect Union". *Quarterly Journal of Speech Vol. 95, No. 4*, 363-386.

Wolf, S. (2007). A PSICOLOGIA MORAL E A UNIDADE DAS VIRTUDES. *Publicação do jornal Blackwell Publishing Ltd.*

Yehoshua, A. B. (1993). *A Journey to the End of the Millennium.* Portsmouth: Heinemann.